Lachgeschichten

Werner Färber • Manfred Mai • Cordula Tollmien

Gondrom

© für diese Sonderausgabe:
Gondrom Verlag GmbH, Bindlach
ISBN 3-8112-1767-4

Der Umwelt zuliebe gedruckt auf
chlorfrei gebleichtem Papier.

Inhalt

Die verzauberte Vanessa

Heute Morgen ging Melanie wie gewöhnlich zur Schule. Zuerst verlief alles wie sonst auch. In der ersten Stunde hatten sie Mathe. Wie oft verstand Melanie nur die Hälfte von dem, was der Lehrer an die Tafel schrieb. In der zweiten Stunde mussten sie einen Kanon singen – obwohl Melanie völlig unmusikalisch ist, wie der Musiklehrer immer wieder sagt.

Danach kam Deutsch. Darauf freute Melanie sich, weil Herr Barein, das ist ihr Klassenlehrer, gestern versprochen hatte ihnen heute eine Geschichte vorzulesen. Und Geschichtenvorlesen gefällt Melanie am besten in der Schule.

Die Geschichte handelte von einem Zauberer und natürlich kamen auch einige Zaubersprüche vor. Während Herr Barein vorlas, schrieb Melanie all diese Sprüche auf ein Blatt Papier, denn sie wollte nach der Stunde versuchen, ob sie auch zaubern konnte.

Als es dann zur großen Pause gongte, packte Melanie ihre Jacke, lief zur Tür hinaus, die Treppe hinunter und auf den Pausenhof.

Dort wartete sie gespannt auf die anderen Mädchen aus ihrer Klasse. An ihnen wollte sie die Zaubersprüche gleich ausprobieren.

Endlich kamen die Mädchen in mehreren Gruppen auf den Hof. Melanie bekam ein bisschen Herzklopfen, obwohl sie nicht recht daran glaubte, dass es klappen würde. Doch, o Schreck, als Melanie die erste Zauberformel kaum ausgesprochen hatte, verwandelte sich ihre Freundin Vanessa in einen winzig kleinen Elefanten. Er war nur etwa fünf Zentimeter hoch und zwei Zentimeter breit.

Melanie nahm ihn auf die Hand und streichelte ihn. Die anderen sahen sie ganz verwundert an. Der kleine Elefant kitzelte Melanie mit seinem winzigen Rüssel. Er sah wirklich lustig aus, zum Liebhaben.

Als alle den kleinen Kerl noch bestaunten und bewunderten, gongte es zum zweiten Mal. Die Pause war zu Ende. Melanie erschrak, denn jetzt musste sie aus dem kleinen Elefanten schnell wieder ein großes Mädchen zaubern. Aber sie fand den Zettel mit den Zaubersprüchen nicht mehr. So viel sie auch in ihren Taschen wühlte und suchte, von dem Zettel gab's keine Spur. Sie hatte ihn wohl vor lauter Aufregung verloren.

Melanies Mitschülerinnen liefen schon ins Klassenzimmer und sie wusste nicht, was sie machen sollte. Das Wichtigste war jetzt, dass die anderen nichts von der Zauberei bemerkten.

Also ging Melanie auch ins Klassenzimmer und setzte sich an ihren Platz, als wäre nichts gewesen. Den Elefanten versteckte sie in ihrer Schul-

tasche. „Wenn nur die Mädchen nichts erzählen",
dachte sie. Doch die tuschelten nur untereinander,
den Jungen und dem Lehrer sagten sie nichts.
Wahrscheinlich hatten sie Angst, dass man es
ihnen nicht glauben und sie auslachen würde.

Als Herr Barein nach einer Weile merkte, dass
Vanessas Platz leer war, fragte er Melanie, ob sie
wisse, wo ihre Freundin sei.

„Die ist nach Hause gegangen, weil ihr auf einmal schlecht geworden ist", log Melanie und ihr

Herz pochte. Gott sei Dank fragte Herr Barein nicht weiter.

Melanie konnte es kaum erwarten, bis die Stunde zu Ende war. Als es dann endlich gongte, nahm sie ihre Tasche, ging zu Herrn Barein und sagte: „Die Geschichte von dem Zauberer hat mir so gut gefallen, dass ich sie zu Hause gerne noch einmal lesen möchte. Könnten Sie mir das Buch bis morgen leihen? Ich bring's Ihnen bestimmt wieder."

Herr Barein gab ihr das Buch und freute sich, dass sie die Geschichte noch einmal lesen wollte. Melanie bedankte sich und rannte so schnell es ging auf den Hof. Hinter einem Gebüsch schlug sie das Buch auf. Sie war so aufgeregt, dass sie die Zauberergeschichte nicht gleich fand. Erst ein Blick ins Inhaltsverzeichnis half ihr weiter: Die guten Taten des Zauberers Simsaldi, Seite 42.

Im Nu fand Melanie so die Geschichte und suchte nach den Zaubersprüchen. Den ersten entdeckte sie schnell. Er lautete:

„Ob Tier, ob Kind, ob Frau, ob Mann,
alles ist in meinem Bann.
Plipleplapläplubberich,
was ich berühr, verwandelt sich."

Melanie stellte den kleinen Elefanten auf das Buch, las den Zauberspruch laut vor und berührte den winzigen Rüssel mit zwei Fingern – aber nichts passierte. Sie versuchte das Ganze noch einmal –

wieder nichts. Ihr wurde richtig heiß. Plötzlich fiel ihr ein, dass sie ja einen Spruch brauchte, mit dem man etwas in seine ursprüngliche Gestalt zurückverwandeln konnte.

Sie musste fast die ganze Geschichte durchlesen, denn erst kurz vor Schluss sprach der Zauberer Simsaldi:

„Krötenaug' und Katzenschwanz,
Besenstiel und Hexentanz,
der alte Zauber ist vorbei,
wer du auch seist, du bist jetzt frei."

Kaum hatte Melanie diesen Zauberspruch ausgesprochen, stand Vanessa in voller Lebensgröße
vor ihr.

Melanie freute sich so, dass sie Vanessa einfach
um den Hals fiel.

„Ich tu es nie wieder", sagte sie. Dabei liefen ihr
Tränen über die Wangen. „Das verspreche ich dir."

„Was?", fragte Vanessa, die dastand, als wäre sie eben aus einem tiefen Schlaf erwacht. „Was tust du nie wieder?"

„An dir etwas ausprobieren", antwortete Melanie. „Und an anderen auch nicht. Nie mehr."

„Ich verstehe kein Wort", sagte Vanessa. „Was ist denn eigentlich los mit dir? Ich glaube, du spinnst mal wieder ganz schön." Manfred Mai

Das wäre doch gelacht

Das ist wirklich gemein. Heute Morgen sah es noch so schön aus und jetzt regnet es seit einer Stunde. Dabei war Tobias zum Fußballspielen verabredet. Stattdessen sitzt er mit Mama, Papa und Anna im Strandcafé und guckt, wie der Regen auf die Ostsee pladdert.

„Eigentlich sieht das schön aus", sagt Mama. „Wie Perlenschnüre."

Tobias findet, dass es nur grau und nass aussieht. Außerdem langweilt er sich.

Papa auch. „Mist", schimpft er. „Wir kommen ja nicht einmal in die Pension, ohne nass zu werden."

„Wir sollten aber trotzdem gehen", schlägt Mama vor. „Das bisschen Nasswerden schadet uns doch nicht."

Anna hat bis jetzt noch gar nichts gesagt. Doch jetzt fragt sie plötzlich: „Warum ziehen wir nicht einfach unsere Badeanzüge an?"

Papa zieht die Augenbrauen hoch. Doch ehe er etwas sagen kann, springt Mama schon begeistert auf. „Das ist eine tolle Idee, Anna", sagt sie. „Ich habe meinen Badeanzug sowieso noch drunter. Außerdem kann ich mir auch die Bademütze aufsetzen, da bleiben meine Haare trocken. Unsere Sachen packen wir dann in die Badetasche. Die ist ja wasserdicht."

„Ihr spinnt", sagt Papa. „Wenn ihr glaubt, ich mache mich lächerlich, dann habt ihr euch getäuscht."

„Komm, Thomas", versucht Mama ihn zu überreden. „Ich verlange ja nicht von dir, dass du in der Badehose ins Büro gehst. Aber wir sind hier im Urlaub. Da wäre es doch gelacht, wenn wir uns von so ein bisschen Regen die Laune verderben lassen würden. Zieh dich um, das macht bestimmt Spaß."

„Manchmal hat Anna gar nicht so schlechte Ideen", denkt Tobias. Er läuft auf die Veranda. Ruck, zuck! steht er in der Badehose da und breitet seine Arme aus. Der Regen ist ganz warm und so dicht, dass Tobias im Nu nass ist.

„Kommt, Kinder! Wir gehen!", sagt Mama und zieht los. Sie sieht wirklich komisch aus, wie sie mit der Bademütze auf dem Kopf und der Badetasche über der Schulter den Strand hinaufstapft. Papa sitzt immer noch im Café.

„Thomas!", ruft Mama. „Sei kein Spielverderber. Komm raus!"

Tobias und Anna machen Luftsprünge im Regen. „Los, Papa! Zieh dich um."

„Meinetwegen", brummt Papa. „Aber wehe, jemand erzählt zu Hause, dass wir in Badehosen mitten im Regen durch die Straßen marschiert sind."

Tobias grinst vor sich hin. Natürlich wird er das zu Hause erzählen.

„Vergiss deine Flossen nicht", ruft Mama.

Tobias schnappt sie sich und zieht sie einfach an. Aber so kann er nicht gut laufen. Doch da hat er

eine noch viel bessere Idee. Er stülpt sich die Flossen über die Hände.

Und dann marschieren sie alle vier im Gänsemarsch durch den Ort: vorn Anna, die ihre Schaufel wie einen Taktstock hoch und runter bewegt, dann Tobias, der dazu mit den Flossen klatscht, und danach Mama, die laut singt:

„Ja, das wäre doch gelacht, wenn uns der Regen traurig macht. Wir hab'n uns extra fein gemacht, damit die Sonne wieder lacht. Ja, das wäre doch gelacht, wenn uns der Regen traurig macht." Ganz zum Schluss kommt Papa, der friert und deshalb immer noch ein wenig missmutig guckt.

Alle Leute, die ihnen begegnen, lachen. Einige klatschen und singen ein paar Zeilen mit.

Zum Schluss lacht sogar Papa, und als sie bei der Pension ankommen, singt Papa so laut, dass die Pensionsgäste aus dem Fenster gucken. „Los, alle mitsingen!", ruft er.

Anna fuchtelt mit ihrer Schaufel, Tobias klatscht mit seinen Flossen und dann singen tatsächlich alle zusammen:

   „Ja, das wäre doch gelacht, wenn uns der Regen traurig macht."

   Und Tobias, Anna, Mama und Papa tanzen dazu im Regen.

Cordula Tollmien

Einmal kräftig schütteln

Fips und Faps waren zwei fröhliche kleine Mäusemädchen. Sie spielten und tollten den ganzen Tag auf ihrer Wiese herum. Wenn sie es einmal gar zu wild trieben, setzte sich die Mutter hin, hob die Vorderpfote und piepste: „Wartet nur, bis ihr über den hohen Berg müsst, dann ist es mit dem schönen Leben vorbei."

Fips und Faps nahmen die Ermahnungen der Mutter nicht sehr ernst. So schlimm würde es schon nicht werden, dachten sie und spielten weiter.

Eines Tages nahm die Mutter Fips an die linke und Faps an die rechte Pfote. Sie gingen so lange, bis sie zu einem riesigen Berg aus lauter Zahlen, Buchstaben und Zeichen kamen.

„Wir sind da", sagte die Mutter. „Weiter kann ich euch nicht begleiten. Ihr müsst nun allein sehen, wie ihr über den Berg kommt."

Die beiden Mäuschen sahen einander etwas verunsichert an. Doch dann entdeckte Fips, dass schon viele kleine Mäuse auf dem Berg herumkrabbelten. Sofort lief sie los, hüpfte über die ersten

Zahlen hinweg und blieb auf einer 7 sitzen. Von dort winkte sie der Mutter und Faps.

Im selben Augenblick lief Faps ebenfalls auf den Berg zu und begann ein großes E anzuknabbern. Und weil es ihr so gut schmeckte, probierte

sie auch gleich den nächsten Buchstaben, ein großes B.

Bis zum Abend hüpften die beiden kreuz und quer auf dem Berg herum, nahmen dort einen Bissen, versuchten von diesem und jenem ein Stück und spielten zwischendurch mit anderen Mäusen.

„Mir schmecken Zahlen und Formeln am besten", sagte Fips, bevor sie sich schlafen legten. „Ich werde morgen früh gleich noch mehr probieren."

„Ich mag Buchstaben und Worte lieber", erwiderte Faps. „Aber jetzt bin ich erst einmal müde. Gute Nacht."

„Gute Nacht."

Fips und Faps schliefen sofort ein und träumten von Zahlen, Buchstaben, Zeichen und Regeln.

Am nächsten Morgen wachten beide schon sehr früh auf. Sie hatten großen Hunger und verschlangen eine Unmenge Zahlen, Formeln, Buchstaben und Wörter.

Dabei kletterten sie immer höher den Berg hinauf.

Am nächsten Tag machten sie es genauso. Und am übernächsten auch. Nach einer Woche sagte Fips: „Ich mag nicht mehr. Jeden Tag dieselben Wörter und Zahlen. Das schmeckt ja fad."

Faps nickte. „Hast Recht. Vielleicht sollten wir … Ja, das ist es!" Faps holte eine Blechdose.

„Was willst du denn damit?", fragte Fips.

„Wir mixen einfach mal ein bisschen", antwortete Faps. „Vielleicht schmecken uns die Zahlen und Buchstaben dann wieder besser."

„Wenn du meinst."

Fips warf die Wörter WOLKE und HAUS in die Dose. Faps schüttelte kräftig, öffnete die Dose und heraus kam ein

„Na ja", murmelte Fips. „Sehr appetitlich sieht das auch nicht aus."

Faps versuchte es gleich noch mal, nahm die Wörter SCHULE und WEIN und schüttelte wieder.

„Das gefällt mir schon besser", sagte Fips und versuchte es selbst einmal.

„Toll!", rief Faps.

Dann füllten sie die Dose bis zum Rand und sangen dazu:

„Aus Zahlen und Buchstaben mixen wir zwei
uns jeden Tag einen guten Brei."
Sie rührten und kneteten alles durch und zogen
eine lange Buchstabenkette vorsichtig heraus.

„Das ist ja ein richtiges Wortungeheuer", sagte
Faps. Und daran hatten sie zu knabbern, bis es
Abend wurde.

Manfred Mai

Langfinger

Im Schatten von zwei Kunden gelangt Joschka unbemerkt in den kleinen Laden. Hier gibt es alles, vom Brotmesser bis zum Korkenzieher, von der Seife bis zum Scheuerpulver, vom Honig bis zu Ein-

machgummis. Aber leider gibt es auch in diesem Laden nichts umsonst. Und Joschka hat keinen Pfennig Geld in der Tasche. Flink nimmt er ein Glas Marmelade aus dem Regal und legt es in seinen großen, geflochtenen Einkaufskorb. Schwups, Tuch drüber. Weg ist die Marmelade.

Ein Paket Klopapier, das umweltfreundliche.
Zack, hinein.

Freundlich lächelt Joschka der Bedienung an der
Wursttheke entgegen. Sie fragt, was er gerne
haben möchte, wiegt ab und packt ein. Joschka
nimmt die Tüte entgegen. Als er um das nächste

Regal gebogen ist, hebt er einen Zipfel des Tuches und legt die Tüte in seinen geräumigen Korb.

Ein Kilogramm Mehl, ein halbes Pfund Butter, ein Päckchen Backpulver, zehn Eier, ein Riegel Bitterschokolade und ein Päckchen Lakritzschnecken folgen. Er hat viel zu besorgen heute.

Joschkas Mutter hat ihn zweifelnd angesehen, ob er das alles überhaupt schleppen könnte, was sie ihm auf den Zettel geschrieben hatte.

Joschka geht gerne einkaufen. Das heißt, er geht wieder gerne. Vor allem, wenn er kein Geld mitnehmen muss.

Er packt ein großes Glas Essiggurken ein. Der Korb wiegt schwerer und schwerer. Vor einem halben Jahr hat Joschka einmal fünfzig Mark verloren. Danach hat er sich lange geweigert einkaufen zu gehen. Bis seine Mutter auf die Idee, ihn ohne Geld zum Einkaufen zu schicken, gekommen ist. Das macht ihm großen Spaß.

Jetzt braucht er nur noch einen Würfel Hefe und einen Jogurt aus dem Kühlregal. So, das wäre alles. Joschka geht den Einkaufszettel noch einmal von oben bis unten durch. Ohne das Tuch anzuheben, ohne noch einmal nachzusehen weiß er, dass er alles hat. Und nun zum Ausgang.

Er versucht sich das Gewicht des Korbes nicht anmerken zu lassen, als er an die Kasse kommt.

„Es ist doch immer dasselbe mit dir, Joschka",
sagt die Frau an der Kasse und sieht ihn streng und
vorwurfsvoll an. „Ich glaube, ich muss mal ein Wort
mit deiner Mutter reden." Sie nimmt das Tuch vom
Korb. „Der ist ja wieder viel zu schwer für dich.
Wie immer?"

Joschka nickt. „Wie immer, Frau Neumann.
Anschreiben, bitte. Meine Mutter kommt am
Samstag und bezahlt alles." Werner Färber

Maikäfer

„Mama, Jacob ärgert mich dauernd." Franziska kommt jammernd zu Mama in die Küche. „Er sagt, dass ich noch nicht mal richtig schreiben kann."

„Das stimmt doch nicht, mein Schatz", beruhigt sie Mama. „Dafür, dass du erst ein halbes Jahr zur Schule gehst, kannst du schon sehr schön schreiben."

Doch Franziska ist nicht getröstet. „Jacob sagt, dass wir nur Babywörter schreiben, gar keine richtig schweren. Ist ‚Maikäfer' eigentlich ein-schweres Wort?"

„Maikäfer?", fragt Mama erstaunt. „Das ist so-gar ein sehr schweres Wort. Müsst ihr das etwa schreiben?"

„Ja, eine ganze Seite." Franziska sieht Mama mit großen Augen an.

„Dann fang schon mal an damit", sagt Mama. „Das Essen dauert noch."

Franziska zieht ab ins Kinderzimmer. Eine Wei-le ist Ruhe. Doch dann hört Mama Jacob laut lachen und Franziska weinen.

Kurz danach kommt Jacob grinsend in die Küche. „Die ist ja doof", sagt er.

„Jacob", sagt Mama scharf. „Was war los? Wa-rum hast du so gelacht?"

„Da hättest du auch gelacht", antwortet Jacob. „Die denkt doch tatsächlich, sie schreibt ‚Maikä-fer'. Dabei steht da bloß ‚Igel'. Ich hab's genau gesehen. Kannst du dir vorstellen, dass jemand so blöd ist?" Jacob lacht wieder.

Doch Mama lacht nicht mit. „Wir sprechen uns später", sagt sie kurz. Dann geht sie zu Franziska. „Komm her", sagt sie und wischt ihr erst einmal die Tränen aus dem Gesicht. „Zeig mir mal, was du geschrieben hast."

Erst schüttelt Franziska den Kopf. Aber dann holt sie doch ihr Heft. Und dabei erzählt sie Mama, dass die Lehrerin ein Tier an die Tafel gemalt und seinen Namen daneben geschrieben hat. Den sollten sie abschreiben und zu Hause üben. Und das

Bild an der Tafel, das war ein Maikäfer. Das weiß Franziska ganz genau.

„Ach so." Jetzt versteht Mama. „Pass mal auf", sagt sie dann. „Ich glaube, deine Lehrerin kann einfach nicht gut malen. Und da haben die Stacheln von dem Igel wie die Punkte von einem Maikäfer ausgesehen. Deshalb hast du gedacht, du schreibst ‚Maikäfer'. Aber Jacob hat leider Recht. Das Wort hier in deinem Heft ist wirklich ‚Igel'. Aber", spricht sie schnell weiter, „deshalb musst du nicht weinen. Es ist keine Schande, etwas falsch zu machen. Es ist nur eine Schande, jemanden deswegen auszulachen. Und das bringen wir beide jetzt Jacob bei."

Sie flüstert Franziska etwas ins Ohr und dann ruft sie nach Jacob. „Tja", sagt Mama, „wärst du vielleicht so nett, Jacob, und schreibst hier auf das Blatt mal ‚Maikäfer'? Franziska muss doch wissen, wie man das richtig schreibt." Jacob zögert ein bisschen. Aber dann fragt Mama: „Was ist? Weißt du etwa nicht, wie man das schreibt?"

Da nimmt Jacob schnell einen Bleistift und schreibt: „Meikefer". Mama nimmt das Blatt, guckt drauf und dann fängt sie an zu lachen. Sie lacht laut und schadenfroh. Jacob wird rot. War das etwa falsch?

„Mensch, Jacob", lacht Mama. „Bist du blöd. Schon in der dritten Klasse und weißt immer noch nicht, wie man ‚Maikäfer' schreibt."

Auch Franziska lacht. Jacob schmeißt den Stift auf den Boden und will wegrennen. Doch Mama hält ihn fest.

44

„Halt", sagt sie. „Du bleibst hier. Ich weiß, das war nicht schön von mir, dass ich gelacht habe. ‚Mai-käfer' ist wirklich ein schweres Wort. Das muss man in der dritten Klasse noch nicht wissen, wie man das schreibt. Aber wahrscheinlich weißt du, warum ich gelacht habe. Oder?"

Jacob sieht Mama nicht an. Er guckt auf den Boden.

„Na", fragt Mama. „Was ist?"

„Tut mir Leid", murmelt Jacob.

Und Franziska sagt sofort: „Mir auch." Das macht Jacob ganz verlegen. „Dir muss doch nichts Leid tun", brummt er. „Du hast doch gar nichts gemacht."

„Doch", widerspricht Franziska. „Ich habe doch auch gelacht über dich."

„Na", sagt Mama. „Dann seid ihr ja quitt, oder?"

Jacob hebt den Kopf und lächelt Franziska vorsichtig an. Die lacht freundlich zurück. Eigentlich ist sie gar nicht so übel, seine kleine Schwester.

Cordula Tollmien

Alles klar zum Abflug

Gestern Abend lag ich im Bett und konnte lange nicht einschlafen. Ich wälzte mich von einer Seite auf die andere und zählte Schäfchen.

Plötzlich hörte ich ein eigenartiges Rauschen und knipste das Licht an. Da sah ich einen riesigen Vogel über mir kreisen. Bevor ich auch nur einen einzigen Ton herausbrachte, hatte er mich schon geschnappt. Er flog mit mir aus dem Zimmer, über die Häuser der Stadt. Höher und höher. Es war ein wunderschönes Gefühl.

Auf einmal entdeckte ich vor uns ein Schloss. Der Vogel flog genau darauf zu und landete mit mir im Innenhof. Dort wurden wir schon erwartet. Sofort umringten mich mindestens zwanzig Zwerge mit ihren Speeren. Sie trieben mich in einen Turm und verriegelten die Tür.

Zum Glück hatte der Turm oben eine große runde Öffnung. Durch die schien die Sonne herein und ich konnte wenigstens etwas sehen. In der Mitte des Turmes stand ein Himmelbett. Das hatte bestimmt mal einem Zwergenkönig gehört. Ich sprang gleich hinein. Es war zwar ein bisschen kurz für mich und meine Beine baumelten auf dem Boden. Aber sonst lag ich darin wie ein König.

Nur der aufgewirbelte Staub kitzelte mich furchtbar in der Nase. Ich musste heftig niesen. Dabei hüpfte das Bett jedes Mal ein wenig mit.

Das brachte mich auf eine Idee! Ich blies mit ganzer Kraft gegen das Dach des Bettes. Und tatsächlich, das Bett hob mit mir ab. Es schaukel-

te langsam nach oben. Ich blies und blies, bis wir zu der runden Öffnung hinausschwebten.

Draußen half mir dann der Wind beim Blasen. Geschwind flog ich über die Dächer der Stadt und landete direkt in meinem Zimmer. Dort legte ich mich sofort wieder in mein eigenes Bett. Von dem vielen Blasen war ich so müde, dass ich sofort einschlief.

Manfred Mai

Der Sonntagsbesuch

Felix ist mit seinen Eltern bei Tante Leonie und Onkel Paul. Nachdem er drei Stück Kuchen verdrückt hat, hockt Felix im Sessel und weiß nichts mit sich anzufangen.

Wenn es wenigstens einen Fernseher gäbe.

Aber hier steht nirgends einer rum. Wie kann man nur ohne Fernseher leben?

   „Sag mal, Felix, was macht eigentlich die Zauberei?", fragt ihn Tante Leonie.

„Ähm, was? Ach so, der Zauberkasten", sagt Felix.

Bevor er etwas sagen kann, antwortet Mama für ihn: „Das war ein ganz fantastisches Geschenk von euch. Wochenlang hat Felix nur noch gezaubert."

Felix wird ganz verlegen. Aber es stimmt, Mama

hat Recht, er konnte jeden Trick. Im Moment ist er allerdings ein bisschen aus der Übung.

„Mach doch mal den Seiltrick", schlägt Papa vor. „Der ist wirklich gut."

„Ich hab doch den Zauberkasten gar nicht hier", sagt Felix.

„Ein Seiltrick?", fragt Tante Leonie. „Das klingt ja spannend. So ein Seiltrick geht doch bestimmt auch mit Onkel Pauls Krawatte."

„Was? Mit meiner Krawatte?"

„Ach, komm schon, es passiert ja nichts", sagt Mama. „Hast du mal eine Schere, Leonie?"

Onkel Paul kuckt Mama entsetzt an. Eine Schere?

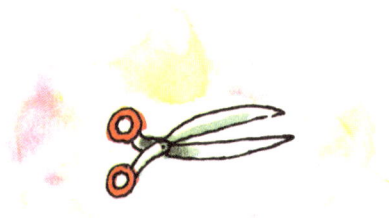

Er rückt seine Krawatte nur sehr ungern raus. Das sieht man ihm an. Tante Leonie geht in die Küche um eine Schere zu holen.

Felix schluckt. Wie war das noch? Mit dem Seil hat der Trick tadellos geklappt. Aber mit Onkel Pauls Krawatte?

„Los, Felix", sagt Papa. „Ich bin sicher, dass es klappt."

„Ja, du kannst den Trick doch so gut", sagt Mama.

Felix legt Onkel Pauls Krawatte in Schlaufen. Genau wie das Seil in seinem Zauberkasten.

„Ich weiß nicht", sagt er.

„Komm schon, Felix. Auf meine Verantwortung",
drängt Papa.

Felix atmet tief durch.

Ratsch.

Dann reibt er mit Daumen und Zeigefinger über
die Schnittstelle. Genauso, wie es im Zauberbuch
steht. Schließlich zieht er die beiden Enden der
Krawatte auseinander – und hat zwei Teile in der
Hand.

„Hast du morgen Zeit?", fragt Onkel Paul Papa.
Papa ist rot geworden. „Ähm, ja, ähm, wieso?"
„Dann geh doch gleich morgen los und kauf mir
eine neue!", sagt Onkel Paul.

Werner Färber

Armer schwarzer Kater

Wenn Papa gute Laune hat, spielt er manchmal „Armer schwarzer Kater" mit Tom. Papa ist sehr stolz darauf, dass er meistens gewinnt.

Aber Tom hat vor dem Spiegel geübt. Stundenlang hat er dagestanden und sich selbst angestarrt und keine Miene verzogen. Diesmal schafft Papa es bestimmt nicht, ihn zum Lachen zu bringen. Da kann er sich noch so anstrengen.

„Wer fängt an?", fragt Papa.

Und Tom antwortet sofort: „Du!"

Tom setzt sich auf einen Sessel und richtet sich ganz gerade auf. Die Augen auf Papa gerichtet, das Gesicht unbeweglich.

Papa beugt sich zu Tom vor und streichelt ihm über das Haar. „Armer schwarzer Kater", sagt er langsam mit einer ganz mitleidigen, honigsüßen Stimme. „Armer schwarzer Kater." Dabei sieht er Tom tieftraurig an und verdreht voller Mitleid die Augen.

Das ist schon sehr komisch und Tom muss sich zusammennehmen, um nicht loszuplatzen.

Jetzt verzieht Papa das Gesicht, rollt noch mehr mit den Augen und spricht mit einer ganz fremden, tiefen Stimme mit einem langen rollenden R: „Arrrmer schwarrrzer Kater."

Dabei streichelt er wieder über Toms Haar und Tom merkt, wie langsam das Lachen in ihm aufsteigt. Seine Mundwinkel zucken schon.

„Bloß nicht", denkt er.

Doch dann spricht Papa mit einer ganz hohen, albernen Stimme. Er spitzt die Lippen und flötet fast: „Armer schwarzer Kater."

Da ist es mit Toms Beherrschung vorbei und er platzt laut raus. Papa sieht aber auch so komisch aus mit diesem spitzen Mund.

Papa lacht auch. Dann sieht er auf seine Uhr und sagt: „Das waren höchstens drei Minuten. Höchstens. Aber immerhin. Schon eine halbe Minute mehr als letztes Mal."

Tom ärgert sich nicht. Dafür war Papa viel zu witzig. Außerdem hat er noch nicht verloren. Er kommt ja auch noch dran.

Papa setzt sich genau wie Tom ganz gerade hin und sieht starr nach vorne. Tom steht vor ihm. Da

ist er genauso groß wie Papa im Sitzen. Erst einmal macht er eine Zeit lang gar nichts. Papa wird schon unruhig. Das merkt man an den Augen. Die rollt er nervös hin und her.

Dann fährt Tom ihm sanft um das Kinn und sagt dabei: „Armer schwarzer Kater." Ganz mitleidsvoll. Papa bleibt unbeweglich und stumm. Na ja, das war ja auch noch nichts Besonderes.

Papa hat eine Jacke mit Reißverschluss an. Den macht er immer nur halb zu. Tom zieht den Reißverschluss langsam nach oben und sagt mit

zuckersüßer Stimme: „Armer schwarzer Kater. Ganz reißverschlürt mit seinem Schlussverreiß. Armer schwarzer Kater."

Schon bei „reißverschlürt" muss Papa grinsen. Als Tom den Reißverschluss bis zum Kinn zieht und dabei noch einmal sagt: „Ganz reißverschlürt mit seinem Schlussverreiß", lacht Papa laut los.

„Toll, Tom", sagt er anerkennend. „So was muss man sich erst mal ausdenken. Wirklich toll."

Tom grinst und guckt auf die Uhr. Noch nicht einmal eine Minute hat Papa durchgehalten. Er wusste doch, dass er heute gewinnt.

Cordula Tollmien

Komische Tiere

Das dicke B und das dünne h machten einmal einen Spaziergang. Dabei trafen sie das schöne G, das kleine a und das stolze L. Sie überlegten, was sie zusammen tun könnten.

„Ich weiß es", rief da das kleine a auf einmal. „Wir gehen einfach in den Zoo."

Damit waren alle einverstanden.

Zuerst besuchten sie die öwen. Dort verschwand plötzlich das stolze L. Die andern schauten sich um. Da sahen sie, wie der große Löwe gerade sein Maul ableckte.

„Schnell weg!", rief das dicke B. „Sonst frisst er uns auch noch."

Traurig gingen sie weiter, bis sie an ein Wasserbecken kamen, in dem ein Seeund seine Runden schwamm. Sie schauten ihm zu. Auf eigenartige Weise verschwand das dünne h. Sie sahen noch, wie der Seehund ihren Freund verschluckte.

B, G und a rannten schnell davon. Sie wollten nur noch raus aus dem gefährlichen Zoo mit den komischen Tieren. Doch dann entdeckten die drei einen riesigen orill und blieben wieder stehen.

„Oh, ist der stark", sagte das kleine a staunend. Es waren seine letzten Worte ...

Das schöne G wollte ihm noch helfen. Aber es war zu schwach.

Der Gorilla stieß einen lauten und wilden Siegesschrei aus und trommelte mit den Fäusten auf seine Brust.

Da rannte das dicke B, so schnell es konnte, aus dem Zoo und betrat ihn nie wieder.

Manfred Mai

Der Schulaufsatz

Tom denkt angestrengt nach. Das merkt man sogar seinem Bleistift an. Sehr appetitlich sieht der nicht mehr aus. Seit einer halben Stunde kaut Tom darauf herum und wartet auf eine Idee. Er soll eine Geschichte schreiben. Und zwar eine lustige. Sie muss nicht unbedingt wahr sein. Tom darf sich auch irgendwas ausdenken, wenn er möchte. Tom überlegt. Ihm fällt nichts Lustiges ein.

Plötzlich heult draußen im Flur der Staubsauger auf. Wie soll sich Tom bei diesem Lärm eine Geschichte ausdenken? Er steht vom Schreibtisch auf und geht zur Tür. Muss Papa ausgerechnet heute seinen Pflichten als Hausmann nachkommen? Sonst bekommt er regelmäßig Ärger mit Mama, weil er so selten putzt.

„Papa!", ruft Tom gegen den Lärm. „Kannst du nicht woanders Krach machen?"

„Was?", brüllt Papa.

„Ob du nicht woanders saugen kannst?"

„Was? Ich versteh nichts, Moment." Papa schaltet den Staubsauger aus. „So, jetzt noch mal. Was ist los?"

„Ich kann nicht nachdenken bei dem Krach", antwortet Tom. „Kannst du nicht erst im Schlafzimmer saugen?"

„Hör mal! Irgendwo muss ich schließlich anfangen. Meinetwegen kannst du ja die Saugerei übernehmen. Du tust, als würde ich aus reiner Bosheit mit dem Ding durch die Wohnung düsen."

„Sonst machst du's ja auch nie", antwortet Tom.

Papa schnappt empört nach Luft. „Ich muss doch sehr bitten! Wann ist es denn dem Herrn Sohn genehm, dass ich sauge?" Er krempelt die Arme hoch und wischt Schweißperlen von seiner Stirn. Tom steht schweigend vor ihm. Egal, wer dran ist, am Putztag kann man weder mit Mama noch mit Papa vernünftig reden. Was man auch sagt, es endet im Streit.

„Ich meine ja nur", sagt Tom und will zurück in sein Zimmer.

Aber Papa ist sauer. „Ich meine ja nur", macht er Tom nach. Mit jedem Satz wird er noch lauter. „Ich meine auch gleich was. Mach lieber deine Hausaufgaben! Ich denke, du sollst eine Geschichte schreiben."

Tom ist auch nicht gerade leise, als er zurückbollert: „Genau das ist es ja! Bei dem Krach kann ich nicht denken!"

„Und ich kann ohne Lärm nicht saugen!" Papa donnert mit dem Fuß auf den Staubsauger um ihn wieder anzuschalten. Er trifft aber den falschen Knopf, nämlich den zum Kabelaufwickeln. Mit einem schnurrenden Geräusch strafft sich das Kabel. Der Stecker wird aus der Steckdose gerissen.

Wie eine wild gewordene Schlange sausen zwei Meter Staubsaugerkabel durch die Luft. Noch ehe Papa bemerkt, dass er einen Fehler gemacht hat, knallt ihm der Stecker gegen das Schienbein. Er

verzieht das Gesicht. Was er sagt, kann Tom nicht verstehen.

Tom gibt sich alle Mühe ernst zu bleiben. Aber es gelingt ihm nicht.

Papa hockt auf dem Staubsauger und reibt sein Schienbein.

Tom sieht schon einen Wutausbruch kommen, doch plötzlich muss auch Papa grinsen. Erst nur ein bisschen, dann immer mehr.

„Funktioniert gut", sagt Papa und tätschelt den Staubsauger. „Und du, grins gefälligst nicht so unverschämt!" Er greift nach seinem Pantoffel, holt aus und wirft nach Tom. Nur im Scherz. Sonst hätte er bestimmt getroffen. Immerhin ist er bester Torschütze im Handballverein.

Der Pantoffel fegt knapp über Tom hinweg und poltert krachend auf das Telefonregal.

Neben dem Telefon steht ein Marmeladenglas und daneben liegt ein Schreibblock. In dem Marmeladenglas sollten eigentlich Stifte stecken, damit man sich etwas notieren kann. Wenn man allerdings wirklich mal einen Stift braucht, steckt in dem Glas nie einer. Dafür findet man darin jede Menge anderer Sachen. Einzelne Knöpfe zum Beispiel, Stecknadeln, Büroklammern, Heftzwecken und Pfennige.

Papas Pantoffel fetzt erst den Schreibblock vom Regal, dann reißt er den Hörer vom Telefon. Der Telefonhörer fliegt durch die Luft und zieht den Apparat hinter sich her.

Doch die Kettenreaktion ist noch nicht zu Ende, denn das Telefonkabel reißt das Marmeladenglas mit. Während der Pantoffel bereits im Schirmständer gelandet ist, saust das Glas durch die Luft. Ein Hagel ungewöhnlicher Flugobjekte prasselt auf den Fußboden.

Als krönender Abschluss zerspringt das Marmeladenglas in ungefähr tausend Splitter, als es scheppernd auf dem Schirmständer zerplatzt. Bis auf das lang gezogene Tuuuut aus dem Telefonhörer herrscht absolute Stille.

Papa und Tom hören, wie Mama draußen mit ihrem Schlüssel hantiert. Die Tür geht auf. Mama kommt einen Schritt herein und bleibt wie angewurzelt zwischen Tür und Angel stehen.

„Was ist denn hier los?", fragt Mama entsetzt.

„Papa putzt", antwortet Tom und geht in sein Zimmer um die Geschichte aufzuschreiben.

Könnte ganz lustig werden. Werner Färber

Bitte lächeln!

„Kommt alle her. Ich will ein Foto machen."

Alex stöhnt. Wie schrecklich! Das dauert wieder Stunden.

Eigentlich freut sich Alex immer, wenn Tante Sibylle und Onkel Wilfried mit Lena und Nora zu Besuch kommen. Aber mit ihrem Fototick kann Tante Sibylle einem ganz schön auf die Nerven gehen.

„Alex, hilfst du mir das Stativ aufzustellen?", fragt Tante Sibylle. „Du musst die Beine ausziehen und es genau hier aufstellen. Da auf dem Rasen."

Alex verdreht die Augen, aber er macht, was Tante Sibylle sagt.

Mama, Papa und Onkel Wilfried sind noch nicht da. Die haben auch keine Lust fotografiert zu werden. Dafür kommt Rudi angelaufen.

„Das ist gut", freut sich Tante Sibylle. „Der Hund soll auch auf das Foto. Halt ihn fest, Alex, damit er nicht wieder wegläuft."

„Ich kann nicht alles auf einmal", antwortet Alex.

„Ja, ja, du hast ja Recht", gibt Tante Sibylle zu. „Nora, Lena, macht ihr das bitte? Wo bleiben bloß die anderen? Ach, da kommen sie ja. Schön. Stellt euch hier auf. Ja, da unter dem Baum. Wilfried, rück ein bisschen nach rechts. Und Nora, bück dich doch nicht dauernd!"

„Ich denke, ich soll Rudi festhalten", sagt Nora.

„Ja, Kind, ja! Aber nachher musst du den Hund schon loslassen, sonst sieht man ja dein Gesicht nicht."

Alex grinst. Eigentlich braucht Nora Rudi gar nicht festzuhalten. Wenn man ihm „Sitz!" befiehlt, bleibt er auch sitzen. Aber das sagt Alex nicht. Und Mama und Papa tun es komischerweise auch nicht.

„Lena, mach nicht so ein Gesicht und du, Alex, könntest auch ruhig ein bisschen freundlicher gucken. Lächeln, ja, bitte alle lächeln! Ich komme!"

Tante Sibylle hat den Selbstauslöser eingestellt und läuft los. Als sie auf halber Strecke ist, lässt Nora den Hund los. Bellend läuft Rudi auf Tante Sibylle zu und springt an ihr hoch.

„Lass das, Rudi", wehrt Tante Sibylle ab. Sie bückt sich, um den Hund mit zum Baum zu ziehen. Doch da macht es plötzlich „klick".

Alle lachen.

„Das ist bestimmt ein tolles Foto geworden", sagt Onkel Wilfried. „Wahrscheinlich bist du in voller Größe drauf. Ich meine, ein bestimmter Teil von dir."

Wieder lachen alle.

„Macht euch nur lustig", sagt Tante Sibylle. „Wir versuchen es noch mal."

Alex seufzt. Das kann ja heiter werden. Diesmal wartet Rudi nicht, bis Tante Sibylle den Selbstauslöser eingestellt hat. Er zerrt so stark am Halsband, dass Nora ihn schon vorher loslässt, und Rudi springt wieder begeistert auf Tante Sibylle zu. Die drückt vor Schreck auf den Auslöser. Mama, Papa, Alex, Lena und Nora schreien gerade aus vollem Hals: „Rudi!"

„Das ist bestimmt auch ein sehr nettes Foto geworden", lacht Papa. „Nur schade, dass du nicht mit drauf bist, Sibylle."

„Kann man den Hund nicht festbinden?", fragt Tante Sibylle. Sie ist inzwischen ein bisschen genervt.

Ehe Mama den Mund aufmachen kann, ruft Alex schnell: „Ich hole die Leine." Als er wieder zurück ist, guckt Tante Sibylle durch den Sucher ihrer Kamera. „Danke, Alex", sagt sie. „Leg die Leine doch einfach auf die Erde und stell den Fuß drauf. Dann sieht man das Ding nicht so."

„Ist gut, Tante Sibylle", sagt Alex wieder und grinst.

Diesmal kommt Tante Sibylle heil bei den anderen an. Doch dann hebt Alex – aus Versehen natürlich – ein wenig den Fuß. Rudi läuft los und direkt auf das Stativ zu.

„Nicht, Rudi", schreit Tante Sibylle, als Rudi am Stativ hochspringt.

Das Stativ fällt nicht einfach um. Es neigt sich im weichen Rasen ganz langsam zur Seite. Ungefähr auf halber Strecke macht es „klick". Tante Sibylle ist gerade losgelaufen. Sie schafft es tatsächlich bis zum Stativ, bevor die Kamera auf dem Boden aufkommt. „Gott sei Dank", seufzt sie erleichtert. „Aber wisst ihr, was schrecklich ist? Das war mein letztes Bild."

Nachdem alle die Luft angehalten hatten, wegen des teuren Fotoapparats, lachen sie nun laut los.

„Komm her, Schwesterherz", sagt Papa. „Das ist wirklich mal eine gute Nachricht. Da können wir uns ja endlich entspannen."

Tante Sibylle guckt zwar erst ein wenig beleidigt. Aber dann lacht sie auch.

„Du musst uns die Bilder unbedingt schicken", sagt Mama.

Tante Sibylle will eigentlich nicht. Es geht gegen ihren Stolz als Fotografin, sagt sie. Aber sie ist kein Spielverderber. Also schickt sie die Fotos doch.

Mama, Papa und Alex lachen, als sie die Bilder sehen: Auf dem ersten sieht man Tante Sibylles

Po. Auf dem zweiten stehen sie alle mit offenem Mund und fuchtelnden Armen da. Und auf dem dritten läuft Tante Sibylle mit ausgestreckten Armen in die Kamera und das ganze Foto ist schräg.

Cordula Tollmien

Unerwarteter Besuch

Steffi ist seit zwei Stunden allein zu Hause. Und seit zwei Stunden sitzt sie vor dem Fernseher, ohne dass jemand deswegen meckern kann.

Es läuft ein lustiger Zeichentrickfilm mit Donald Duck, Tick, Trick und Track. Steffi füllt ein Glas mit Salzstangen. Dann setzt sie sich wieder in den bequemen Fernsehsessel. Donald schimpft

gerade furchtbar. Er hüpft und fuchtelt so wild herum, dass sogar seine Matrosenmütze auf dem Kopf mithüpft. Steffi muss darüber lachen.

„Wer lacht denn da so blöd?", ruft Donald plötzlich. Er dreht sich um und guckt Steffi an.

Steffi erschrickt.

„Hast du mich eben ausgelacht?", fragt Donald.

„Ich ... ich ... ja ... nein", stottert Steffi.

„Lüg doch nicht", sagt Donald und klettert aus dem Fernseher. „Ich kann's nicht leiden, wenn man über mich lacht."

„Du hast so komisch ausgesehen ..."

„Komisch!" Donald springt auf den Tisch. „Ich sehe niemals komisch aus, merk dir das!"

„Ja ... nein ... ich meine ..." Steffi weiß nicht mehr, was sie sagen soll. Inzwischen sind auch Tick, Trick und Track aus dem Fernseher geklettert. Sie entdecken das Glas mit den Salzstangen auf dem Tisch. Sofort stürzen sie sich darauf. Dabei stoßen sie die Blumenvase um.

Donald fängt schon wieder an zu toben. Seine Mütze hüpft wie wild. Steffi kann sich das Lachen kaum noch verkneifen.

„Ihr sollt euch anständig benehmen", schimpft Donald mit seinen Neffen. „Ihr seid doch keine Ferkel!"

Aber Tick, Trick und Track grunzen nur im Chor und mampfen weiter Salzstangen.

„Siehst du, so sind sie", sagt Donald verzweifelt zu Steffi. „Frech wie Oskar."

„Die sind doch soo lustig", sagt Steffi lachend.

„Ja, ja, für dich vielleicht." Donald stöhnt. „Aber

ich muss den ganzen Tag auf diese Lümmel aufpassen. Das ist schlimmer als einen Sack Flöhe
hüten." Er watschelt mit geballter Faust auf die drei
zu. „Weg da! Ich will auch noch etwas von den Salzstangen."

Ein wilder Kampf um die letzten Salzstangen
beginnt. Am Ende hält Donald nur ein paar Krümel
in der Hand. Mehr hat er nicht erwischt. Er sieht
aus, als würde er gleich losheulen.

Inzwischen haben Tick, Trick und Track schon
wieder etwas Neues entdeckt. Das Aquarium hat
es ihnen angetan.

„Halt!", ruft Donald noch. Doch die drei hören nicht auf ihn. Sie klettern auf den Rand und springen kopfüber ins Wasser. Die Zierfische flitzen wie Pfeile auseinander. Tick, Trick und Track jagen die Fische kreuz und quer durchs Aquarium. Einen erwischen sie und tauchen mit ihm auf. „Den braten wir", sagt Tick.

„Bist du verrückt?", ruft Track. „So ein schönes Fischlein."

„Wozu haben wir ihn dann gefangen?", fragt Tick.

„Ihr seid wohl nicht ganz bei Trost!" Donald erwischt Tick am Kopf und taucht ihn mehrmals unter Wasser. „Lass sofort den armen Fisch los!"

Tick japst nach Luft, der Fisch flutscht zurück ins Wasser.

„He, du ersäufst ihn ja!", ruft Steffi und gibt Donald einen Stoß, dass er auch ins Aquarium fällt.

„Hilfe!" Donald fuchtelt wie ein Ertrinkender.

„Warum schreist du denn so?", fragt Steffi. „Du kannst doch bestimmt schwimmen."

Donald wird rot. „Das hatte ich ganz vergessen", murmelt er verlegen.

Tick, Trick und Track tippen sich an die Stirn. Steffi holt alle vier aus dem Aquarium und hängt sie zum Trocknen an die Wäscheleine auf dem Balkon.

„Mach uns wieder los", betteln Tick, Trick und Track. „Wir sind auch ganz lieb."

„Nein, nur mich!", ruft Donald. „Die drei kannst du hängen lassen. Dann hab ich wenigstens mal meine Ruhe."

Steffi nimmt jedoch Tick, Trick und Track von der Leine und geht mit ihnen in die Küche. Donald lassen sie solange zappeln.

„Oh, lecker!", rufen die drei, als sie eine große Schüssel voll Schokoladenpudding sehen. Sofort fangen sie an zu schlabbern.

„Langsam, langsam, langsam", sagt Steffi. „Es gibt schließlich noch Vanillesoße dazu."

„Halt mal", sagt Trick plötzlich. „Ich habe eine Idee." Er flüstert mit Tick, Track und Steffi.

„Au ja, das machen wir!" Alle sind von Tricks

Idee begeistert.

Steffi gießt die Vanillesoße zu dem restlichen Pudding und trägt die Schüssel vorsichtig auf den Balkon. Dort zappelt und tobt Donald immer noch so schrecklich, dass er Steffi gar nicht bemerkt. Sie stellt die Schüssel genau unter Donald. Dann öffnet sie die Wäscheklammer ein wenig und Donald plumpst mitten in die Vanillesoße. Er patscht, plantscht und prustet noch viel wilder als vorher im Aquarium.

Steffi, Tick, Trick und Track halten sich die Bäuche vor Lachen. Dann ziehen sie Donald heraus und lecken ihn von Kopf bis Fuß ab. Er wehrt sich verzweifelt, aber vergeblich. Steffi hält ihn gut fest.

„Wir haben dich alle so lieb", sagt Track und leckt den letzten Tropfen Vanillesoße von Donalds Kopf.

„Dafür bekommt ihr eine Woche Hausarrest, ihr frechen Rotzlümmel!", kreischt Donald. „Und du bist auch nicht besser als die", sagt er zu Steffi. „Das hätte ich nicht von dir gedacht."

„Ich auch nicht", antwortet Steffi und grinst.

„Fertig", sagt Tick. „Er ist wieder so sauber wie vorher."

„Noch viel sauberer", flüstert Track.

Donald will schon wieder losschimpfen, da wird die Wohnungstür aufgeschlossen.

„He, meine Eltern kommen. Ihr müsst schnell verschwinden! Aber wie soll ich hier alles so schnell aufräumen?", fragt Steffi verzweifelt.

„Kein Problem", antwortet Trick:

„Eins zwei, drei – verschwunden
ist die Sauerei!"

Kaum hat er das gesagt, stehen die Blumen wieder in der Vase. Die Tischdecke ist trocken, die Krümel sind weg, die Puddingschüssel steht im Schrank. Alles sieht aus wie vorher.

„Danke", sagt Steffi.

Donald, Tick, Trick und Track klettern flink in den Fernseher zurück und winken Steffi noch mal zu. Dann schaltet sie schnell den Apparat aus.

Im selben Augenblick kommt auch schon der Vater herein.

„Na, wie war's so allein?", fragt er. „Was hast du denn die ganze Zeit gemacht?"

„Gespielt und ein bisschen ferngesehen."

Mehr verrät Steffi nicht. Die Geschichte mit Donald, Tick, Trick und Track bleibt ihr Geheimnis.

Manfred Mai

Schlangenbeschwörung

Melanie kneift die Augen zu schmalen Sehschlitzen zusammen. Gebannt beobachtet sie den Schlangenhaufen, der sich vor ihr windet. Wenigstens eines von diesen langen, dünnen Wesen will Melanie erwischen. Aber das ist schwieriger, als man im ersten Moment glauben möchte. Diese Dinger sind alle zu einem Knäuel ineinander verschlungen. Sie winden sich drunter und drüber. Melanie kann kaum erkennen, wo eine anfängt und die andere aufhört. Und dann auch noch diese zähe, klebrige, rötlich braune Flüssigkeit, in der sie sich wälzen. Melanie wartet auf einen günstigen Moment, in dem sie zupacken kann.

Jetzt hebt sie zögernd die Hand. Halt, noch nicht. Höchste Vorsicht ist geboten.

Schon mehrmals hat sie Pech gehabt und keine einzige erwischen können. Mit wilden Bewegungen haben sie sich alle wieder befreit. Mit ihren

zappelnden Schwänzen haben sie Melanie diese
zähe Flüssigkeit ins Gesicht, auf das Hemd und
auf die Hose geschleudert. Melanie ist von oben
bis unten voller Sprenkel. Mit dem linken Hand-
rücken wischt sie sich einen Klecks von der Stirn.

„Ihh, wie eklig", denkt Melanie. Blutverschmiert von oben bis unten. Sie hat Recht. Es sieht wirklich aus wie Blut.

Mit tiefen Atemzügen versucht sich Melanie zu beruhigen. Noch einmal hebt sie die Hand. Ganz langsam. Die Bewegung ist kaum zu erkennen. Endlich schwebt Melanies Hand direkt über der Schlangenbrut. So wie ein Falke, der hoch oben auf sein Opfer lauert.

Dann schlägt Melanie zu. Mit einer blitzschnellen Bewegung lässt sie die Gabel niedersausen. Sie dreht sie drei-, vier-, fünfmal auf dem Teller herum. Schon hat sie ein dickes Knäuel aufgewickelt. Die rötlich braune Soße spritzt kreuz und quer über den Küchentisch. Als Melanie das

Knäuel hastig zum Mund führt, klatscht ihrem Vater ein Klecks auf die Backe. Er schließt genervt die Augen und atmet tief durch.

„Melanie", sagt er, „kannst du nicht ein einziges Mal Spagetti essen, ohne dass wir nachher alle unter die Dusche müssen?" Er macht die Augen wieder auf und sieht seine Tochter an.

Die schlürft grinsend eine lange Spagetti-Schlange durch die gespitzten Lippen ein. Die Tomatensoße plitscht ihr links und rechts bis zu den Ohren. Ihr Vater sagt nichts mehr. Kopfschüttelnd wendet er sich wieder seinem eigenen Teller zu.

Melanie kneift ihre Augen zu schmalen Sehschlitzen zusammen und beobachtet den Spagettihaufen, der sich in der dicken, rötlich braunen Soße vor ihr auf dem Teller windet.

Ungeduldig wartet sie auf den nächsten günstigen Moment, in dem sie wieder zupacken kann ...

Werner Färber

Aus dem Rahmen

Ein Fenster und eine Tür unterhielten sich miteinander.

„Jahrelang stehen wir am selben Platz", klagte das Fenster. „Ich möchte einmal im Leben etwas anderes sehen."

„Du siehst wenigstens etwas", sagte die Tür. „Und was ist mit mir?"

„Weißt du was", sagte das Fenster, „gleich morgen früh verreisen wir."

„Das ist eine gute Idee." Die Tür quietschte vor Freude. „Ich bin dabei!"

Am nächsten Morgen rissen sie aus und marschierten zum Flugplatz. Dort kauften sie zwei Flugkarten nach Fensterland.

Einige Minuten später rief eine Stimme ihre Namen auf: „Fenster und Tür bitte in die Boeing 74756 auf Startbahn sieben!"

Die beiden liefen, so schnell sie konnten. Vor

lauter Aufregung rannte das Fenster gegen ein Treppengeländer. Es krachte und klirrte furchtbar.

Die Tür kam hinterher, konnte nicht mehr stoppen und knallte mit voller Wucht gegen das Fenster. Das purzelte die steile Treppe hinunter und brach sich dabei auch noch einen Rahmen.

Das Fenster wurde sofort in die Fensterklinik gebracht und operiert. Nach der Operation musste es ins Bett, bis der Rahmen wieder zusammengewachsen war.

Die Tür besuchte das Fenster oft. Dann erzähl-
ten sie einander immer wieder, wie der Unfall auf
dem Flugplatz passiert und wie interessant alles
gewesen war.

Nach einigen Wochen wurde das Fenster aus
dem Krankenhaus entlassen. Die Tür wartete am
Ausgang mit einem schönen Blumenstrauß.

„Das ist aber lieb von dir", sagte das Fenster gerührt.

„Ich habe noch eine Überraschung für dich." Die Tür zeigte zu einem eigenartigen Fahrzeug. „Das ist unser Spezial-Fenster-Tür-Auto mit extra weichen Polstersitzen für dich. Damit fahren wir jetzt los nach Irgendwo."

Manfred Mai

Der Raubtierbändiger

Der große Marconi legt seinen eleganten Glitzer-
anzug an. Mit großer Sorgfalt schnürt er die
schwarzen Lederstiefel. Regel Nummer eins für
einen Dompteur: Es darf niemals ein Schuhband
aufgehen! Wenn er stolpert, ist er verloren. Die
unberechenbaren wilden Bestien würden sich
sofort auf ihn stürzen.

Der große Marconi macht einen Doppelknoten. Sicher ist sicher. Er nimmt Peitsche und Stock und schreitet zum Käfig. Zweimal geht er langsam um das vergitterte Zuhause seiner beiden Schützlinge herum.

Sie wirken nervös heute.

Beruhigend redet der große Marconi auf sie ein.

„Ist gut", sagt er. „Euch passiert ja nichts. Gleich geht es los."

Seine beiden Lieblinge sitzen auf ihren Plätzen. Sie warten darauf, dass der Dompteur den Käfig öffnet. Einen Augenblick hält der große Marconi noch inne. Er atmet tief durch und zählt bis hun-

dert. So bereitet er sich immer auf seine schwierige Dressur vor. Dann ist es soweit. Marconi schiebt den Riegel zurück. Langsam, ganz langsam öffnet er die Gittertür. Die Tiere ducken sich. Ihre Muskeln sind gespannt wie Sprungfedern. Marconi rückt die Podeste zurecht, auf denen seine beiden Tiere während der Nummer sitzen sollen.

Natürlich wendet er ihnen dabei nie den Rücken zu. Er weiß, dass er heute besonders vorsichtig sein muss. Ob die neue Nummer klappen wird?

Das erste Tier nähert sich langsam der Käfigtür. Es zögert, weicht noch einmal zurück. Dann setzt es sich pfeilschnell in Bewegung. Gleich hinter ihm folgt auch das zweite. Sie jagen beide direkt auf den großen Marconi zu. Der lässt einmal heftig die Peitsche knallen. Sofort bleiben beide stehen.

„So ist es gut", sagt der Dompteur. Seine Stimme zittert ein wenig. „Und nun auf eure Plätze!", befiehlt er und deutet mit seinem Stock auf die beiden Podeste. Langsam gehen die Tiere rückwärts. Obwohl sie nie geschlagen werden, jagt ihnen der lange Stock Angst ein. Marconi knallt noch einmal mit der Peitsche.

Er merkt zu spät, dass es ein Fehler war die Peitsche einzusetzen. Die Tiere rasen in wilder Flucht davon und bleiben in der entferntesten Ecke regungslos sitzen. Zu dumm, was soll der große Marconi jetzt machen? Selbst mit seinem langen

Stock kann er sie nicht erreichen. Kleinlaut verlässt er die Manege. Er geht in die Küche.

Dort bereitet Papa das Abendessen vor. „Papa?"

„Was denn, Marco?"

„Papa, kannst du mir mal helfen?"

„Worum geht's denn?"

„Meine Arme sind zu kurz. Ich bekomme die Meerschweinchen nicht mehr unterm Bett hervor."

Werner Färber

Hoch hinaus

„Was ist denn mit euch los? Ihr seht ja so vergnügt aus?"

Statt zu antworten prusten Andi und Christian einfach los.

„Na, der Spaziergang muss ja wirklich lustig gewesen sein. Erzählt mal. Was war los?", will Papa wissen.

Andi und Christian halten sich die Hand vor den Mund, um das Lachen zu unterdrücken. Aber es nützt nichts. „Das, das ... geht nicht", bringt Andi mühsam hervor und schnappt dabei zwischen zwei Prustern nach Luft. „Das, das kann man nicht erzählen."

Papa guckt etwas verwirrt. „Warum nicht?"

„Es ist ..." Christian kann kaum sprechen vor Lachen. „Es ist ... Es geht einfach nicht."

„Ihr seid gemein", sagt Papa. „Ich will auch mitlachen. Seht mal, sogar der Hund lacht." Dabei

zeigt er auf Moritz, der schwanzwedelnd vor ihnen sitzt und von einem zum anderen guckt. Da ist es endgültig aus. Andi und Christian brechen in lautes Gelächter aus. Sie zeigen mit dem Finger auf Moritz, halten sich den Bauch vor Lachen und stoßen ab und zu unter Keuchen „Der Hund lacht" hervor.

Mama hat das Lachen auch gehört und kommt ins Zimmer. Moritz springt an ihr hoch und überkugelt sich dabei fast. „Seht mal", sagt Mama und streichelt den Hund. „Moritz sollte im Zirkus auftreten. So wie der springen kann!"

Andi und Christian hatten sich gerade ein wenig beruhigt. Aber als die Mutter das sagt, ist es damit wieder vorbei. Sie lachen so lange, bis Andi sagt: „Ich kann nicht mehr, ich mach mir gleich in die Hose."

Christian antwortet keuchend: „Hauptsache, nicht auf ..."

„Denen muss jemand auf dem Spaziergang ein Lachpulver gegeben haben", vermutet Papa.

„Moritz ...", versucht Christian es noch einmal, aber er kann nicht weitersprechen.

„Was ist mit Moritz?", fragt Papa. „Was hat das arme Vieh bloß getan, dass ihr euch so ausschüttet vor Lachen?"

„Das arme Vieh", lacht Andi. „Das ist gut!" Papa und Mama sehen sich fragend an.

„Also", beginnt Christian endlich. „Moritz hebt doch immer sein Bein beim Pinkeln."

„Das tut jeder Hund", unterbricht ihn Papa. „Was ist daran so komisch?"

„Na ja, du hast doch gesagt, er versucht immer sein Bein möglichst hoch zu heben, damit die anderen Hunde denken, dass er ein ganz großer Hund ist."

Papa nickt. Aber auch das klingt noch nicht besonders komisch.

„Na und diesmal hat sich Moritz ganz nah an einen Zaun gestellt und das Bein immer höher gehoben, sodass das zweite Bein nachkam."

„Es sah aus wie Handstand", erzählt Andi weiter.

„Wie ich gesagt habe", wirft Mama ein. „Ein richtiger Zirkushund."

„Na ja, und wie er da so am Zaun stand", jetzt spricht wieder Christian, „im Handstand, da hat er seine Schnauze zwischen die Vorderbeine gesteckt und dann hat er ..." Christian kichert schon wieder.

„Was? Kinder, ihr macht mich wahnsinnig." Papa verdreht die Augen.

„Er hat sich ... auf die Schnauze gepinkelt."
Christian prustet los.

Da muss auch Papa lachen. „Ehrlich?!", fragt er.
„Richtig auf die Schnauze? Siehst du, Moritz, das
kommt davon, wenn man zu hoch hinaus will."

Nur Mama hat Mitleid mit Moritz. „Armer Hund",
sagt sie und tätschelt seinen Kopf. „Da hast du dich
so angestrengt und zum Dank dafür lachen alle
über dich. Dabei ist das gar nicht so einfach. Das
müsst ihr erst mal nachmachen." Sie sagt das ganz
ernst.

Da ist es endgültig vorbei mit dem Ernstbleiben. Nicht nur bei Andi und Christian, sondern auch bei Papa. „Nachmachen", kichern die drei. „Das ist gut."

Und dann prusten und lachen sie alle drei, bis auch die Mutter mitlacht.

Cordula Tollmien

Ein schlechtes Gewissen

Florentine sitzt am Schreibtisch und malt. Nebenher hört sie Musik. Sie hat sich von ihrem großen Bruder den Walkman ausgeliehen. Ohne zu fragen.

Florentine merkt nicht, dass Fabian ins Zimmer kommt. Er sieht ihr eine Zeit lang von hinten beim

Malen zu. Dann tippt er ihr auf die Schulter um sich bemerkbar zu machen. Florentine bleibt fast das Herz stehen vor Schreck. Sie dreht sich um und stößt dabei an das Wasserglas. Eine graugrüne Brühe überschwemmt ihr schönes Bild.

„Sag mal, du spinnst wohl!", schreit sie Fabian an. „Musst du mich so erschrecken? Mein ganzes Bild ist versaut!"

Fabian lacht. „Wer erschrickt, hat ein schlechtes Gewissen, sagt Oma immer. Ich wollte nur meinen Walkman wiederhaben."

Florentine nimmt den Walkman, reißt die Kopfhörer von den Ohren und hält ihm beides hin. „Da!", faucht sie ihn an. „Und jetzt hau ab!"

Achselzuckend nimmt Fabian seinen Walkman und geht.

Florentine holt sich schnell einen Lappen aus der Küche um zu retten, was zu retten ist. Vorsichtig tupft sie das Wasser von ihrem Bild. Nichts zu machen. Es ist hoffnungslos hinüber. So ein Blödmann von einem Bruder! Und dann auch noch sein oberschlaues Gerede von wegen schlechtem Gewissen und so. Mal sehen, ob er nicht auch eines hat.

Florentine geht leise zu Fabians Zimmer. Die Tür steht einen Spalt offen. Ihr Bruder liegt ausgestreckt auf dem Bett. Tatsächlich – er hat die Kopfhörer schon auf. Und die Augen hat er geschlossen. Seine Füße wippen im Takt der

Musik. Auf Zehenspitzen schleicht sich Floren-
tine an sein Bett. Sie formt die Hände zu einem
Trichter und holt tief Luft um ihm so richtig laut ins
Ohr zu brüllen.

„Das würde ich nicht machen", sagt Fabian
plötzlich und schlägt die Augen auf.

„Aaaaaah!", kreischt Florentine.

Aus der Küche kommt ein klirrendes Geräusch.
Einen Moment später stürzt Mama ins Zimmer.

„Um Himmels willen! Was ist denn los?", fragt
sie aufgeregt und sieht zwischen Florentine und
Fabian hin und her.

„Florentine hat ein schlechtes Gewissen", sagt Fabian. „Die erschrickt alle naselang."

„Meine Güte, das ist doch noch lange kein Grund so zu kreischen", sagt Mama. „Mir ist vor Schreck die Salatschüssel runtergefallen."

„Aber Mama", sagt Fabian. „Von dir hätte ich das nicht gedacht."

„Was?", fragt Mama.

„Dass du auch ein schlechtes Gewissen hast."

Werner Färber

Vom Nasenbohren

Angelina, ein 11-jähriges Mädchen aus dem vierten Stock, erzählte mir folgende Geschichte: „Bei uns im Hochhaus wohnte mal ein Junge namens Benjamin. Der steckte immer einen Finger in die Nase, wenn er nachdachte. Und weil er viel nachdenken musste, waren seine Nasenlöcher schon sehr groß.

Doch das störte ihn nicht. Im Gegenteil, je tiefer

er mit seinem Finger bohren konnte, desto mehr fiel ihm ein. Nur seine Eltern konnten das Nasebohren nicht ausstehen. Sie verboten es ihm, sie drohten ihm mit schlimmen Krankheiten, sie bestraften ihn und zuletzt gingen sie mit Benjamin sogar zum Arzt.

Der hörte sich alles an und besah sich Benjamins Nasenlöcher. Dann setzte er sich hinter seinen Schreibtisch. „Das ist ein schwieriger Fall", sagte er und wackelte nachdenklich mit dem Kopf.

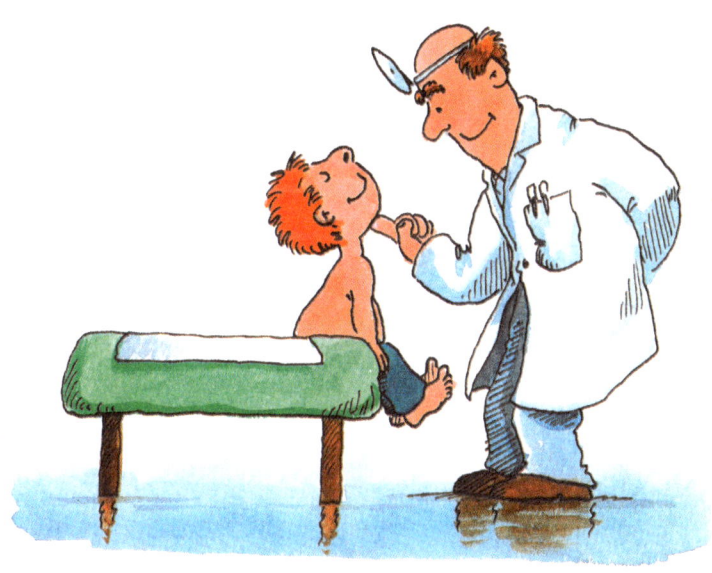

Dabei wanderte sein Zeigefinger langsam in die Nase. „Wirklich sehr, sehr schwierig."

„Aber, Herr Doktor!", rief Benjamins Mutter entsetzt.

„Tut mir Leid", sagte der Arzt und schnipste einen Popel durchs Zimmer. „Gegen diese Krankheit ist nichts zu machen."

Manfred Mai

Guten Appetit

Sebastian nimmt den Löffel in die Hand. Er hat Mama gesagt, dass er keinen Hunger hat. Aber Mama meint, dass es dann kein Eis zum Nachtisch gibt.

Das ist Erpressung.

Wenn es wenigstens etwas geben würde, was Sebastian mag. Dann hätte er vielleicht doch ein bisschen Hunger. Zum Beispiel bei Spagetti. Spagetti mit Tomatensoße passen immer rein. Käsesoße dazu ist auch nicht schlecht.

Sebastian schiebt versonnen den Löffel in den Mund. Pfannkuchen gehören auch zu Sebastians Lieblingsgerichten. Entweder gesalzene mit Speck und Zwiebeln oder süße mit Apfelkompott und Zimt. Lecker!

Noch einen Löffel voll.

Bei Hähnchen vom Grill läuft Sebastian sofort das Wasser im Mund zusammen.

Noch einen Löffel.

Am besten schmecken die Beinchen. Mama und Papa sind leider genauso scharf darauf wie Sebastian.

Noch einen Löffel.

Warum können Hähnchen nicht vier Beine haben? Wie die Schweine. An den dürren Flügelchen ist sowieso kaum was dran. Jedenfalls bekommt Sebastian – er schiebt noch einen Löffel voll in den Mund – nicht bei jedem Hähnchenessen ein Beinchen ab. Was isst Sebastian denn noch gern? Verlorene Eier. Am liebsten in der Senfsoße, die Papa immer macht.

Noch einen Löffel.

Und Pizza! Eine riesengroße Pizza mit ganz viel drauf. Pilze, Salami, Paprika und Krabben – und wieder einen Löffel voll in den Mund –, obendrauf noch ganz viel Käse. Hmm!

Fischstäbchen gehören auch zu Sebastians Leibspeisen. Und Kartoffelsalat mit Würstchen! Das gibt es häufig samstags. Sebastians Eltern nennen das schnelle Küche. Und zum letzten Geburtstag hat er sich das auch gewünscht. So, jetzt fällt Sebastian aber nichts mehr ein.

Halt, fast hätte er Frikadellen vergessen. Außen schön braun und knusprig und dazu Bratkartoffeln. Bratkartoffeln kann Sebastian sogar schon selbst zubereiten. Sebastian denkt angestrengt nach und löffelt gedankenverloren weiter vor sich hin.

Mama kommt zur Küchentür herein und sieht ihm über die Schulter.

„Na, wenn das keine Überraschung ist, Sebastian", sagt sie. „Du hast den Teller ja fast leer."

Erschrocken wirft Sebastian den Löffel auf den Tisch. Angewidert zieht er die Oberlippe hoch. Obwohl er das Zeug absolut nicht ausstehen kann, hat er fast einen ganzen Teller Spinat ausgelöffelt!

Werner Färber

Lachen ist ansteckend

„Ihr seid heute vielleicht albern. Könnt ihr nicht mal aufhören zu kichern?"

Frau Lange versucht streng zu gucken, aber es gelingt ihr nicht. Sie lächelt.

„Sie lachen ja auch", sagt Martin deshalb sofort.

„Ich weiß", gibt Frau Lange zu. „Lachen ist ansteckend. Euer Kichern bringt mich auch zum Lachen."

„Super! Dann kichern wir immer. Dann müssen Sie auch lachen und haben immer gute Laune", platzt Martin heraus.

„Untersteht euch", sagt Frau Lange. „Ihr seid nicht zum Kichern, sondern zum Lernen hier."

Rums – genau beim letzten Wort von Frau Lange fällt Martin mit seinem Stuhl um. Alle lachen. Nur Frau Lange nicht. Sie seufzt.

„Ach, Martin", sagt sie. „Musste das sein?"

„Warum haben Sie denn jetzt nicht gelacht?",

fragt Sabrina. „Wir haben doch alle gelacht und Sie haben gesagt, Lachen ist ansteckend."

„Es gibt viele verschiedene Arten von Lachen", antwortet Frau Lange. „Auslachen zum Beispiel ist nicht ansteckend. Das macht man höchstens nach und das ist dann nicht sehr nett. Damit Lachen ansteckend ist, muss es ein gutes, freundliches Lachen sein oder auch ein albernes. Außerdem muss man sich anstecken lassen wollen. Wenn man überhaupt keine Lust hat zu lachen, funktioniert es nicht. Manchmal allerdings lacht man auch, obwohl man das gar nicht ..."

Rums – bevor Frau Lange ausgeredet hat, fällt Thomas mit dem Stuhl um.

„Jetzt reicht's mir aber", schimpft Frau Lange. „Das hat heute keinen Zweck mit euch. Ich glaube, ihr müsst euch erst einmal richtig austoben. Zum Glück ist die Turnhalle frei. Ruhe", ruft sie dann, weil die Jungen schon die Arme hochreißen und Hurra brüllen. „Wenn ihr jetzt ein Riesengeschrei macht, bleiben wir hier."

Sofort sind alle still.

„Also, wir gehen jetzt in die Turnhalle. Ihr holt euch dort die Bälle. Damit spielt ihr, bis ihr genug habt. Danach können wir hoffentlich wieder normalen Unterricht machen."

Erst geht alles gut. Doch dann wird Sabrina von einem Ball getroffen und fängt an zu weinen. Frau Lange tröstet sie. Danach hat Sabrina keine Lust

mehr und bleibt bei Frau Lange auf der Bank sitzen. Zwei Minuten später heult Thomas. Martin hat ihm einen Ball vor die Brust geworfen. Frau Lange tröstet erst Thomas und sagt dann Martin, dass er besser aufpassen soll. Auch Thomas hat keine Lust mehr und bleibt bei Frau Lange. Nach und nach kommen immer mehr Kinder. Schließlich schießt nur noch Martin den Ball gegen die Wand.

„Komm du jetzt auch, Martin", ruft Frau Lange.

Martin nimmt den Ball und will ihn in den Korb zu den anderen Bällen werfen. Doch er zielt etwas zu hoch und der Ball prallt gegen die Wand. Von dort hüpft er quer durch die ganze Halle und landet genau auf Patricks Kopf. Der hat den Ball nicht kommen sehen und macht deshalb ein so blödes Gesicht, dass Frau Lange die Hand vor den Mund schlägt und laut losprustet.

„Aber Frau Lange!", sagt Sabrina entrüstet. „Bei so was lacht man doch nicht."

„Ich weiß", prustet Frau Lange. „Aber ich ..." Und dann lacht sie richtig los.

Patrick, der vor Schreck vergessen hat zu weinen, starrt sie mit weit aufgerissenen Augen an. Das sieht wirklich sehr komisch aus und so fangen auch die anderen an zu lachen. Erst nur ein paar, dann immer mehr und schließlich lachen alle, auch Sabrina.

„Patrick", sagt Frau Lange. „Es tut mir wirklich Leid. Ich wollte das nicht. Aber du ..." Sie stottert, weil sie so lachen muss. „Aber du hast so komisch ausgesehen. Hast du dir wehgetan?"

Dabei kichert und lacht sie immer noch. Patrick, der eigentlich gerade anfangen wollte zu heulen, schüttelt den Kopf. Und obwohl er es gar nicht will, fängt auch er an zu lachen.

In dem Moment kommt der Rektor in die Halle. Als er die lachenden, kichernden, quietschenden, prustenden Kinder sieht, guckt er genauso blöd wie Patrick vorhin.

Da müssen alle noch mehr lachen. Auch Frau Lange.

„Was ist denn hier los?", fragt der Rektor verwundert. Aber er bekommt keine Antwort und so lacht er einfach mit. Wenn die Kinder und Lehrer aus den anderen Klassen auch noch reinkämen, würde am Ende die ganze Schule lachen. Das wäre prima.

Cordula Tollmien

Ein dummer Streit

Ein Ofen und eine Tür stritten sich darüber, wer von ihnen wichtiger sei.

„Ich natürlich", rumpelte der Ofen. „Ich mache warme Zimmer."

„So ein Quatsch", ächzte die Tür. „Ohne mich würde die ganze Wärme sofort wieder nach draußen verschwinden. Da könntest du lange heizen. Also bin ich wichtiger."

Der Ofen regte sich furchtbar über das Gerede der Tür auf. „Du bist ja nicht ganz dicht!", zischte er. „Gleich spucke ich Funken zu dir hinüber. Dann werden dir deine großen Worte vergehen."

„Spuck doch", quietschte die Tür. „Dann lasse ich den Wind herein, der wird dein Feuer schnell auspusten."

Die Tür sprang auf und der Wind pfiff kräftig ins Zimmer. Im Ofen begann es laut zu knistern. Die Tür fühlte sich nicht mehr wohl in ihrem Rahmen.

„Vielleicht war ich doch ein wenig vorlaut", dachte sie.

Dem Ofen erging es nicht anders als der Tür.

„Hätte ich nur das Maul nicht so voll genommen", dachte er bei sich. „Vielleicht ist der Wind doch stärker als so ein kleines Feuer."

Plötzlich schlug der Wind die Tür zu. Das Feuer im Ofen beruhigte sich wieder, ohne dass die

Funken geflogen wären. Es war alles wie zuvor.

„Gut, dass du wieder zu bist", brummelte der Ofen nach einer Weile. Er war ziemlich außer Puste.

„Ja", knarrte die Tür. „Es ist doch viel gemütlicher, wenn es schön warm und ruhig ist, nicht wahr?"

Das fand der Ofen auch. So beschlossen sie, dass sie beide sehr wichtig sind. Manfred Mai

Sag ich nicht!

Willi und Anja spielen mitten auf der Straße Ball. Und das dürfen sie auch, weil es eine Spielstraße ist.

In Spielstraßen dürfen Autos nur ganz langsam fahren. Und auf spielende Kinder müssen die Fahrer ganz besonders Rücksicht nehmen.

„Der ist viel zu schnell", sagt Willi und stellt sich mitten auf die Straße, als ein Wagen heranbraust.

„Pass auf, Willi", ruft Anja. „Der fährt dich noch um."

Willi bleibt mit ausgebreiteten Armen stehen. Wie ein Verkehrspolizist, der den Verkehr regelt.

Das Auto wird kaum langsamer. Erst wenige Meter vor Willi bremst der Fahrer.

„Willi!", ruft Anja und hält sich die Augen zu.

Bremsen kreischen.

Dann ist es wieder still. Vorsichtig öffnet Anja die Augen. Das Auto ist knapp vor Willi zum Stehen

gekommen. Der Fahrer kurbelt sein Fenster herunter und streckt den Kopf heraus. „Geh aus dem Weg, du Rotzbengel. Oder willst du über den Haufen gefahren werden?"

Willi tippt sich an die Stirn und schüttelt den Kopf. „Hier ist eine Spielstraße", ruft er.

„Ist mir doch egal", antwortet der Mann, „ich hab's eilig. Bin sowieso schon spät dran."

„Das ist noch lange kein Grund so zu rasen", sagt Willi.

„Spiel dich nicht so auf, du Spinner", sagt der Mann.

„Selber Spinner", sagt Willi.

Der Mann macht ein zorniges Gesicht und öffnet die Wagentür.

Willi rennt schnell weg und versteckt sich hinter einer Gartenmauer. Der Fahrer bleibt neben der Autotür stehen.

„Sag mir lieber", ruft er Willi zu, „wo die Bleichestraße ist!"

„Nein", ruft Willi.

„Sei nicht so verbockt, Junge", sagt der Mann, „ich hab es wirklich eilig. Wo ist die Bleichestraße?"

„Sag ich nicht", sagt Willi.

Der Mann wird puterrot im Gesicht und geht ärgerlich ein paar Schritte in Willis Richtung.

Anja läuft zu ihm hin und hält ihn am Ärmel fest.

„Ich kann es Ihnen beschreiben", sagt sie und zieht ihn zum Auto zurück.

„Bist du blöd?", ruft Willi. „Dem willst du auch noch den Weg zeigen?"

„Deine Freundin ist eben vernünftiger als du", sagt der Mann und setzt sich wieder hinters Steuer.

Willi schüttelt den Kopf. Anja ist nicht zu helfen.

„Sie fahren hier geradeaus weiter", sagt sie, „dann kommen Sie an eine Hauptstraße. Dort fahren sie links. Nach ungefähr zwei Kilometern..."

„Moment mal", unterbricht sie der Mann, „bist du sicher? Das ist ja schon ein ganz anderer Stadtteil."

„Logisch", sagt Anja, „Sie sind hier ja auch völlig falsch." Und sie gibt dem Mann eine lange, ausführliche Beschreibung zur Bleichestraße.

„Kennst dich ja gut aus", sagt der Mann.

„Zufall", sagt Anja, „meine Tante wohnt dort."

„Dank dir und richte deinem Freund aus, er soll in Zukunft vorsichtiger sein. Vom Nächsten bekommt er vielleicht eine gescheuert, wenn er so frech ist", sagt der Mann und fährt davon.

Wieder viel zu schnell.

„Na", fragt Anja, „was sagst du jetzt?" „Aber die Bleichestraße ist doch gleich hier um die Ecke", antwortet Willi. Anja schlägt sich mit der flachen Hand auf die Stirn.

„Dass ich mich auch so irren konnte. Der arme, arme Mann."

Willi lacht.

„So mache ich es das nächste Mal auch", sagt er.

„Auf jeden Fall besser als mit so einem rumzustreiten", sagt Anja und nimmt Willi mit zu ihrer Tante.

Die wohnt nur um die Ecke. In der Bleichestraße.

Werner Färber

Die Autoren

Werner Färber wurde 1957 in Wassertrüdingen geboren. Er studierte Anglistik und Sport in Freiburg und Hamburg und unterrichtete anschließend an einer Schule in Schottland. Seit 1985 arbeitet er als freier Übersetzer und schreibt Kinderbücher.

Manfred Mai, 1949 in Winterlingen geboren, wuchs auf einem Bauernhof auf. Als Kind machte er sich nichts aus Büchern und hatte mit Schule auch nicht allzu viel im Sinn. Nach dem Schulabschluss begann er eine Malerlehre und arbeitete danach in einer Fabrik. Aber so recht glücklich war er dabei nicht. Er wurde immer unzufriedener und ging auf die Suche nach Neuem. In dieser Zeit entdeckte er, dass Bücher etwas Tolles sind. Er las und lernte viel, wurde Lehrer und schließlich Schriftsteller. Heute lebt Manfred Mai mit seiner Frau und zwei Töchtern im schönen Schwabenländle.

Cordula Tollmien, 1951 geboren, studierte Mathematik, Physik und Geschichte. Seit 1986 ist sie freiberufliche Schriftstellerin und schreibt für Kinder und Erwachsene. Für „La gatta heißt Katze" erhielt sie 1986 den Peter-Härtling-Preis für Kinderliteratur. Außerdem wurde ihre Biografie über die russische Mathematikerin Sofja Kowalewskaja 1996 für den Deutschen Jugendliteraturpreis nominiert.

Die Bilder

Jan Birck: Seiten 3, 10, 11, 13, 14, 16, 17, 18, 28, 29, 30, 31, 32, 33, 48/49, 50, 68, 69, 70, 90, 91, 93, 94, 96/97, 99, 100, 101, 109, 110/111, 130, 131, 132, 146, 147, 159.

Georgien Overwater: Seiten 34, 35, 36, 37, 39, 51, 52, 53, 54, 55, 56, 57, 72, 73, 75, 77, 103, 104, 105, 106, 107, 112, 113, 114, 116, 124, 125, 127, 128, 129, 134, 135, 136, 148, 149, 151, 152, 153, 154.

Harmen van Straaten: Seiten 20, 21, 22/23, 24, 26, 40, 43, 44, 45, 46, 58, 59, 60, 61, 62, 63, 64/65, 66, 79, 80, 81, 82/83, 84, 86, 87, 88, 89, 118, 120, 121, 122, 123, 138, 139, 140/141, 142, 144.

... und noch mehr Sp

LESE

Gruselgeschichten

Abenteuer~
geschichten

Tierges

Gondrom

nnung gibt's mit den

...chten   Schulgeschichten

Pferdegeschichten

Verlag